Florence Scovel Shinn / Dein Wort ist dein Zauberstab

Hildegard FRENZ
Am Rauschenberg 1
56355 Münchenroth
Tel. 0 67 72 - 96 01 22

D1663447

Florence Scovel Shinn

Dein Wort
ist Dein Zauberstab

Vorwort

Die Herausgabe der folgenden Aussagen geschah auf vielfachen Wunsch der Leser des Bandes „Das Lebensspiel und seine Regeln".
Im vorliegenden Büchlein werden wesentliche Stellen ergänzt und vertieft.

Ein weiteres ergänzendes Werk ist
„Die Kraft des gesprochenen Wortes".

© 1995 Verlag Freya, A-4210 Unterweitersdorf
Satz: Fritz Fellner,Freistadt
ISBN 3-901279-35-0

Inhalt

Das Wort des Menschen ist sein Stab, voll Magie und Macht! Jesus betonte die Macht des Wortes und sagte: „Durch Deine Worte kann Dir vergeben werden und durch Deine Worte kannst Du verdammt werden" und „Tod und Leben sind in der Macht Deiner Zunge". So hat der Mensch die Macht, durch den Zauberstab seines Wortes einen unglücklichen Zustand zu ändern.

An Stelle von Kummer erscheint Freude, an Stelle von Krankheit erscheint Gesundheit, an Stelle von Mangel erscheint Fülle.

Beispiel: Eine Frau bat mich um Hilfe für Wohlstand. Sie besaß nur zwei Dollar.

Ich sagte: „Jetzt segnen wir diese zwei Dollar und dann haben Sie den magischen Geldbeutel. Er ist fortan unerschöpflich. Wenn Geld weggeht, kommt sofort neues, denn der Beutel ist in der Gnade des rechten Weges.

Ich sehe ihn immer gefüllt mit Geld: gelbe Scheine, grüne Scheine, rosa Schecks, blaue Schecks, weiße Schecks, Gold, Silber und Münzen. Ich sehe ihn voller Überfluß!"

Die Frau antwortete: „Ich spüre den geldschweren Sack."

Sie war so voll Glauben und Dankbarkeit, daß sie mir einen der zwei Dollar schenkte. Ich nahm ihn an, um der Frau das wichtige Bild der Fülle, das in ihr eingeprägt bleiben mußte, nicht zu stören.

Kurz nachher schenkte ihr jemand sechstausend Dollar. Glaube ohne Zweifel und das gesprochene Wort verwirklichten den Wunsch nach Wohlstand.

Die Formel des magischen Geldbeutels ist mächtig, weil sie ein deutliches Bild vor das innere Auge stellt. Das Aussprechen der Worte -voll-, „vollgestopft bewirkt das Sehen des Beutels voll Geld."

Die Fähigkeit der Einbildung ist schöpferische Kraft. Es

ist wichtig, die richtigen Worte zu finden, welche die Erfüllung des Wunsches möglich machen.

Visualisiere nie ein Bild mit dem Willen: laß Gott in Dein Bewußtsein strahlen, denn der Suchende arbeitet in Übereinstimmung mit dem Göttlichen Gesetz.

Jesus Christus sagt: „Du sollst die Wahrheit kennen und die Wahrheit soll Dich freimachen." Das heißt, daß der Mensch in jeder Situation die Wahrheit erkennen soll.

Wahrheit ist nicht in Mangel oder Einschränkung. Der Suchende bewegt den Zauberstab seines Wortes und die Wüste verwandelt sich zum blühenden Rosenfeld.

Angst, Zweifel, Ungeduld, Wut, Groll bringen die Körperzellen in Unordnung, zerrütten die Nerven und verursachen Krankheit und Unglück.

Glück und Gesundheit müssen durch vollendete Kontrolle der Affekte verdient werden.

Macht wirkt, wird aber nie bewegt. Wer ruhig und gelassen bleibt, guten Appetit hat, zufrieden und glücklich ist, auch wenn scheinbar alles gegen ihn ist, hat die Meisterschaft erreicht. Er hat die Macht, „den Wind und die Wogen zu bändigen", die äußeren Umstände zu beherrschen. Sein Wort ist sein Zauberstab, er verwandelt scheinbares Versagen in Erfolg.

Er weiß, daß seine kosmischen Reserven unerschöpflich und sofort verfügbar sind, und all das, was er benötigt, im irdischen Leben sofort Form annimmt.

Beispiel: An Bord eines Dampfers erwachte eine Frau beim Heulen der Sirene. Dichter Nebel lag über der windstillen See. Sie sprach sofort das Wort: „Im Göttlichen Geist ist kein Nebel, also hebe sich der Nebel! Ich danke für die Sonne!" Kurz darauf und ganz unerwartet schien die Sonne, denn der Mensch hat die Macht über die Elemente,

über alle Dinge der Schöpfung. Jeder Mensch hat die
Macht, den Nebel seines Lebens zu lichten. Mangel an
Geld, Liebe, Glück oder Gesundheit sind Nebel über un-
serem Leben.
Danke für Sonne!

Erfolg

Bestimmte Wörter und Vorstellungsbilder prägen sich dem Unbewußten ein.

Beispiel: Ein Mann bat mich um das entscheidende Wort zum Finden einer seinen Fähigkeiten entsprechenden Arbeit.

Ich gab ihm folgende Formel zum genauen Festhalten in seinem Gedächtnis: „Ich öffne die Türe des Schicksals vor Dir und niemand darf sie zuschlagen."

Mir schien, die Formel machte dem Mann keinen Eindruck. Da hatte ich die Eingebung, noch den weiteren Satz hinzuzufügen: „Kein Mensch darf diese Türe zuschlagen, denn sie ist von hinten an die Wand genagelt!"

Der Mann war sichtlich getroffen und entfernte sich erleichtert. Nach wenigen Wochen wurde er in eine ferne Stadt gerufen, um eine nie erhoffte Stelle anzutreten. Die Begleitumstände grenzten ans Wunderbare.

Hier noch die Geschichte einer Frau, die furchtlos einem „Wink" folgte. Sie arbeitet um einen kleinen Lohn. In jener Zeit las sie mein Buch „Das Lebensspiel und seine Regeln". Blitzartig befiel sie die Idee, eine Confi serie mit Tearoom zu eröffnen. Anfangs verwirrte sie diese Idee. Doch die Idee blieb in ihr so lebendig haften, daß sie voller Schwung an das Suchen eines geeigneten Lokals und ebensolcher Mitarbeiter ging. Da sie kein Geld hatte, „sprach sie das Wort für Hilfe", und auf unerwartete Weise floß ihr das Geld zu. Das Geschäft konnte eröffnet werden!

Vom ersten Tag an strömten die Kunden in den neuen Laden. Immer war er „vollgestopft".

An einem flauen Feiertag meinten die Mitarbeiter, es würden keine Käufer mehr kommen. Die Frau entgegnete aber, Gott sei ihre Stütze und jeder Tag sei ein guter Tag.

Nachmittags erschien ein alter Freund und kaufte sie groß ein. Er bezahlte mit einem Scheck in der Höhe von Hundert Dollar. War das nicht ein guter Tag? Hundert Dollar für eine Schachtel Süßigkeiten!

Jeden Tag, wenn die Frau in ihr Geschäft geht, schaut sie das Wunder an und dankt, daß sie den alles besiegenden furchtlosen Glauben hatte!

Formeln der Bejahung

Der Weg ist jetzt frei für das Göttliche Wirken. Was mir gehört, fällt mir durch Gnade auf magische Weise zu.

Jetzt lasse ich gewesene Situationen und alte Dinge fahren. Göttliche Ordnung hat von meinem Geist, meinem Körper und meinen Handlungen Besitz ergriffen. „Wahrlich, ich mache alle Dinge neu."

Mir unmöglich Scheinendes an Gutem wird jetzt Wirklichkeit, das Unerwartetste geschieht!

Die „vier Winde des Erfolges" wehen mir zu was mir gehört. Von Norden, Süden, Osten und Westen kommen mir endlos Güter zu.

Der Christ in mir ist erwacht, jetzt erfülle ich mein Schicksal. Jetzt kommen endlos Güter auf ungezählten Wegen zu mir.

Ich blase die Posaune und freue mich. Jehova schreitet vor mir her und bereitet mir den einfachen, sauberen und erfolgreichen Weg!

Ich bin dankbar für den mir zukommenden Erfolg. Ich mache reinen Tisch, denn ich arbeite mit dem Geist und ich folge dem Göttlichen Plan meines Lebens.

Mein „geistsportliches" Blut ist in Wallung. Ich erhebe mich über die Dinge.

Ich bin zum Guten erwacht und ernte im Herbst die Früchte aller Möglichkeiten.

Ich bin ausgewogen, ruhig und magnetisch. Jetzt kann ich zu mir lenken, was mir gehört. Meine Macht ist die Macht Gottes und sie ist unbezwingbar.

Die Göttliche Ordnung ist eingegangen in meinen Geist, in meinen Körper und in meine Handlungen.
Ich sehe klar, handle schnell, und die größten Hoffnungen werden durch wunderbare Wege Wirklichkeit.

Auf der geistigen Ebene gibt es keine Rivalität. Was mir rechtmäßig zusteht, wird mir aus Gnade auch gegeben.

Ein unentdecktes Land ist in mir. Dieses Land wird mir erschlossen durch Jesus Christus.

Siehe! Ich habe das Tor des Schicksals vor Deinen Augen geöffnet, Kein Mensch darf es zuschlagen, es ist von hinten an die Wand genagelt.

Der Gang des Schicksals hat sich geändert und alles fällt mir zu.

Ich verbanne die Vergangenheit. Ich lebe in einem wunderbaren Jetzt, in dem ich täglich herrliche Überraschungen erlebe.

Im Göttlichen Geist gibt es keine verlorenen Möglichkeiten. Wo eine Türe zufällt, geht eine andere auf.

Ich tue magisches Werk mit magischen Mitteln. Ich gebe magische Hilfe gegen magischen Lohn.

Der Genius in mir ist jetzt befreit. Jetzt erfülle ich mein Schicksal.

Ich befreunde mich mit Hindernissen, und jedes Hindernis wird mir zum Sprungbrett. Das sichtbare und unsichtbare Universum bringt mir mein Eigentum.

Die Mauern von Jericho stürzen ein, alles Mangelhafte, jede Beschränkung und alle Mißerfolge sind aus meinem Bewußtsein weggeblasen im Namen von Jesus Christus.

Ich befinde mich jetzt auf dem Königlichen Pfad und der Erfolg, das Glück und der Überluß gehen denselben Weg.

Ich werde nicht müde, Gutes zu tun, denn wo ich am wenigsten erwarte, kann ich ernten.

Jehova schreitet vor mir her und die Schlacht ist gewonnen! Alle feindlichen Gedanken sind ausgewischt. Ich bin siegreich im Namen Jesus Christus.

Da es im Göttlichen Bewußtsein keine Hindernisse gibt, kann nichts mein Hab und Gut beschränken.

Jetzt verschwinden alle Hindernisse auf meinem Pfad. Türen fliegen auf, Schranken heben sich und ich trete ein in das Reich erfüllter Gnade.

Rhythmus, Harmonie und Gleichgewicht sind eingekehrt in meinen Geist, meinen Körper und meine Handlungen. Nun öffnen sich vor mir neue Felder Göttlicher Saat und ich sehe sie voll reifer Ernte.

Der menschliche Wille hat nicht die Macht, den Göttlichen Willen zu kreuzen. Der Göttliche Wille arbeitet jetzt in meinem Willen, in meinem Körper und meinen Handlungen.

Der für mich bestimmte Plan Gottes ist unerschütterlich und kann von niemandem gestört werden.
Ich bin meiner Himmlischen Vision treu.

Der Göttliche Plan meines Lebens gewinnt feste Form, konkrete Erfahrungen leiten meine tiefsten Herzenswünsche.

Mit unüberwindlicher Kraft und Bestimmtheit schöpfe ich aus der Universalen Substanz, da dies mein Göttliches Recht ist.

Ich wehre mich gegen nichts, lege alles in die Hände der Unendlichen Liebe und Weisheit. Lass jetzt geschehen die Verwirklichung der Göttlichen Idee.

Das mir Gehörende fliesst mir nun zu in einem ununterbrochenen, stets wachsenden Strom von Erfolg Glück. und Überfluß.

Im Königreich gibt es keine verlorenen Möglichkeiten. Wenn eine Türe sich schliesst, geht eine andere auf.

„Hier gibt es nichts zu fürchten, denn es gibt keine zu beleidigende Macht." Ich schreite über den meinen Weg versperrenden Löwen und finde einen bewaffneten Engel und Sieg im Namen von Jesus Christus.

Ich bin in vollendetem Einklang mit dem Wirken des Gesetzes. Ich stehe beiseite und lasse die Unendliche Intelligenz meinen Weg zum Erfolg ebnen.

Der Boden, auf dem ich stehe, ist heiliger Boden; der Boden, auf dem ich stehe, ist glücklicher Boden; der Boden, auf dem ich stehe, ist ein fruchtbarer Boden.

Neue Felder Göttlicher Tatkraft erschließen sich vor meinen Augen.
Unerwartete Möglichkeiten öffnen sich, unerwartete Kanäle sind frei.

Was Gott für andere Leute tat, kann ER auch für mich tun, ja noch mehr!

Gott bedarf meiner, so wie ich Seiner bedarf, denn ich bin der Kanal, durch den Sein Plan sich verwirklicht.

Beschränke ich mich, so beschränke ich Gott. Gott und ich machen alles möglich.

Geben geht dem Empfangen voran, meine Geschenke an andere gehen den Geschenken Gottes an mich voraus.

Jeder Mensch ist ein goldenes Glied in der Kette meines Wohlergehens.

Mein Gleichgewicht ruht auf einem Felsen. Ich sehe klar und handle schnell.

Gott irrt nicht, also irre auch ich nicht. „Der Kämpfer in mir" hat schon gewonnen."

Dein Reich ist in mir, Dein Wille will in mir und meinem Tun geschehen.

Wohlstand

Von Gott wohl ausgerüstet kommt der Mensch in diese Welt. Darum findet er auf seinem Pfad alles was er wünscht und benötigt.

Das Nötige wird durch den Glauben und durch das Gesprochene Wort freigemacht.

„Alles ist möglich, wenn Du glaubst."

Beispiel: Eines Tages erzählte mir eine Frau von ihren Erfahrungen durch den Gebrauch der „Bejahungsformel", die sie in meinem Buch „Das Lebensspiel und seine Regeln" las.

Sie wünschte sich eine gute Stellung an der Bühne, obwohl sie keine Fachkenntnisse hatte. Sie wählte folgende Formel: „Unendlicher Geist, öffne mir den Weg zum Überfluß. Ich bin ein kraftvoller Magnet und ziehe alles an, was durch Göttliches Recht mir gehört."

Sie erhielt eine wichtige Rolle in einer erfolgreichen Oper. Sie sagte: „Das Wunder geschah durch die Bejahungsformel, die ich Hunderte von Malen wiederholte."

Bejahungsformeln

Jetzt kann ich die ganze Fülle des Universums zu meinem sofortigen und uneingeschränkten Gebrauch zu mir leiten.

> Alle Kanäle sind frei!
> Alle Tore sind offen!

Jetzt kann ich den in mir ruhenden Goldschatz heben. Ich bin mit dem endlos fließenden Strom des Wohlergehens verbunden. Er fließt zu mir aus der Gnade des vollkommenen Weges.

Güte und Dankbarkeit begleiten alle Tage meines Lebes. Ich verweile immer im Hause der Fülle.

Mein Gott ist der Gott der Fülle. Ich empfange alles, was ich wünsche und erbitte, und noch mehr.

Alles, was aus Göttlichem Recht mein ist, wird jetzt frei und erreicht mich in einer großen Lawine der Überfülle durch die Gnade des vollkommenen Weges.

Mein Besitz ist unerschöpflich, augenblicklich verfügbar, und kommt zu mir durch die Gnade des vollkommenen Weges.

Alle Kanäle sind frei und alle Türen fliegen auf zu meiner sofortigen und unversiegbaren Hilfe aus dem mir von Gott zuerkannten Pfund.

Mein Schiff fährt jetzt auf ruhiger See im Schutze vollendeter Gnade.

Unvermutete Türen fliegen auf, unvermutete Kanäle sind frei, unerwartete Fülle ergießt sich über mich durch die Gnade des vollendeten Weges.

5 Systematische Schulung der Körperwahrnehmung – welche Methode passt zu mir?

Eine systematische Schulung der Körperwahrnehmung ist seit Jahrtausenden Bestandteil der menschlichen Kultur. In diesem Kapitel möchte ich Ihnen einen kleinen Überblick geben über eine Auswahl von Methoden, die dafür entwickelt wurden. Wenn Sie nach der Lektüre dieses Buches Geschmack daran gefunden haben, an Ihrer Körperwahrnehmung zu arbeiten, möchten Sie sich vielleicht mit der einen oder anderen davon näher bekannt machen.

Im christlichen Kulturraum gab es in den letzten Jahrhunderten eine starke Tendenz, zwischen Körper, Geist und Seele grundsätzlich zu unterscheiden und den Körper als etwas Minderwertiges, der Seele und dem Geist Untergeordnetes zu betrachten. In anderen Kulturkrei-sen und Religionen, die eine solche Trennung nicht in dieser Form vornahmen, war jedoch die Entwicklung von Bewegungskünsten oft eng verknüpft mit den geistigen und spirituellen Traditionen.

Alte Traditionen aus dem Osten

In allen asiatischen Kampfkünsten, im Taijiquan (oft sieht man noch die alte Schreibweise »Tai Chi Chuan«, die Ihnen vielleicht vertrauter ist) und Qigong (beides sind Bewegungskünste, die aus China kommen) wie auch im Yoga (das aus Indien stammt) wird der Organismus als eine Einheit betrachtet. Eine hochdifferenzierte Schulung der Körperwahrnehmung, -haltung und -bewegung ist untrennbar verbunden mit den emotionalen, kognitiven und spirituellen Dimensionen der Praxis. Wenn Sie sich mit einer dieser